PROJET

DE

COLONISATION

DE L'ALGÉRIE,

PAR J. P. KREMER,

Chirurgien militaire ; membre de la Société d'histoire naturelle du département de la
Moselle ; de la Société d'horticulture du département de la Moselle,
et de celle d'agriculture de la province de Bône (Algérie);
fondateur et ancien directeur de la pépinière
nationale de Ghelma (Algérie).

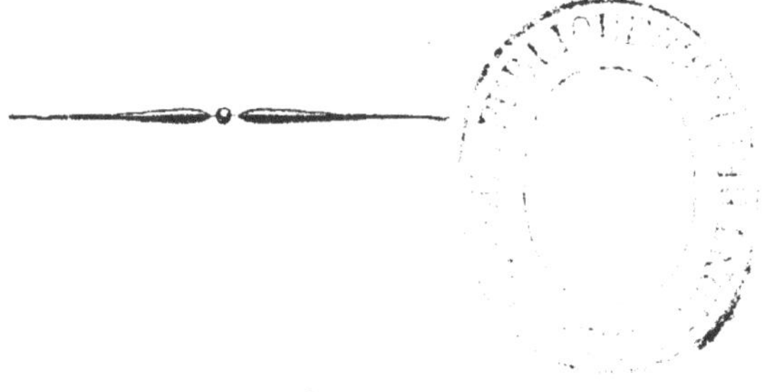

PARIS,

A LA LIBRAIRIE AGRICOLE DE M. DUSACQ,

RUE JACOB, 26.

—

1848

PROJET

DE COLONISATION

DE L'ALGÉRIE.

La colonisation de notre belle Algérie devient plus que jamais une des hautes questions d'économie politique et d'ordre social. Il faut d'une part qu'elle cesse le plus tôt possible d'épuiser nos finances, et d'autre part qu'elle reçoive ces milliers de bras inactifs, qui réclament à hauts cris du travail pour vivre, et qui faute de travail sont entraînés dans le désordre, les uns poussés par la misère, les autres égarés par des utopistes qui se décorent du titre pompeux de Républicains démocrates, mais qui ne sont autre chose que des aristocrates par cela même que — faible minorité — ils veulent dominer à leur profit personnel aux dépens de la majorité.

Le vrai Républicain démocrate est celui qui veut le bonheur de tous, sans exclusion et aux dépens de personne ; or ce ne sont pas les niveleurs de fortune ; car vouloir niveler ce qui existe, c'est chercher à détruire aux dépens d'autrui, c'est attenter à la propriété.

Si niveler ce qui existe est antisocial, ne pas chercher à équilibrer dans ce qui reste à créer ne l'est pas moins. Il est vrai que jamais il ne saurait y avoir un niveau, un équilibre parfait de fortune, d'intelligence, de bonheur, parce que le physique, le moral et les capacités intellectuelles de tous ne sont pas les mêmes; et si jamais cet équilibre existait, il serait rompu immédiatement par la force des circonstances humaines. Mais résulte-t-il, de ce que l'équilibre ne peut exister, qu'il ne faille s'efforcer constamment d'y atteindre. Bien certainement non, et raisonner en sens contraire serait le raisonnement de celui qui, ne pouvant atteindre la perfection , n'y viserait jamais.

Nous devons donc chercher , dans ce qui reste à créer, et surtout en Algérie, d'équilibrer le plus possible, c'est-à-dire, nous devons tâcher de procurer à chacun la plus forte somme d'instruction, de fortune et de bonheur à laquelle il ait le droit de prétendre dans sa sphère.

Pour parvenir à ce résultat, il n'existe que deux moyens : l'*association* du travail, et *la vie de communauté* pour un temps limité; nous disons pour un temps limité seulement , parce qu'il est dans la nature de l'homme d'aimer la propriété et la famille.

Ici nous devons prier le lecteur de ne pas nous croire socialiste , phalanstérien ou communiste. Nous ne sommes partisan exclusif d'aucun système; nous prenons le bon partout où nous le rencontrons, peu nous importe à quel système il appartienne.

Nous proposons l'association du travail pour la colonisation de l'Algérie , parce que nous avons puisé dans l'expérience du passé et dans la connaissance des lieux et du climat la sincère et profonde conviction que ce moyen seul peut conduire promptement et économiquement au but désiré. D'ailleurs n'est-il pas évident que dix hommes qui travaillent ensemble font beaucoup plus d'ouvrage qu'un même nombre d'hommes travaillant isolément? Les bras isolés sont impuissants, en Algérie encore plus qu'ailleurs.

Nous proposons la vie de communauté pour un temps limité, parce qu'il est évident aussi que dix hommes qui vivent ensemble dépensent beaucoup moins qu'un même nombre d'hommes qui vivraient isolément. Plus de travail, moins de temps, et moins de dépenses, voilà les trois premiers grands avantages de la vie de communauté et de l'association du travail. A ces avantages il faut ajouter que les colons vivant ainsi sous la direction d'un personnel administratif éclairé, apprendraient la culture du pays, bien différente de celle de la France, observeraient mieux les règles de l'hygiène, et seraient acclimatés avant d'être abandonnés à leur propre expérience.

Il faut donc commencer par créer des *fermes-colonies*, pouvant renfermer de 200 à 250 personnes (voir le plan que nous avons fait d'une ferme de 250 personnes). Pendant le temps que les colons passeraient dans ces *fermes-colonies,* ils ne s'occuperaient pas uniquement à défricher et à cultiver les terres , mais en outre ils bâtiraient une bourgade de 200 à 250 maisons, toutes semblables (voir le plan) , de manière que chacun, au bout de son congé, c'est-à-dire, à la cessation de l'association, ait une maison à lui appartenant, et de plus dix hectares de terres *défrichées et ensemencées.*

Comment ces associations peuvent-elles se former?

Il faut des capitaux. Le gouvernement seul peut les former, en admettant des engagements volontaires, et en faisant les avances nécessaires, avances qui lui seraient remboursées par annuités, et par une combinaison qui ne paraît pas difficile d'après l'ensemble de notre projet , comme nous le verrons bientôt.

Depuis dix-huit ans que nous occupons le pays, il n'y a encore presque rien de fait ; cela est facile à comprendre : ceux qui ont quelques capitaux ne vont pas en Afrique pour défricher des terres dont les produits se font attendre ; ils préfèrent le commerce qui leur procure des bénéfices immédiats. Quant à ceux qui n'ont pas d'avances, il est évident qu'ils ne peuvent coloniser. Ce qui s'est vu dans le passé se verra encore à l'avenir, c'est-à-dire, que l'on ne colonisera que quand le gouvernement prendra l'initiative. Il faut donc qu'il y songe sérieusement, s'il veut que l'Algérie le dédommage de tant de sacrifices déjà faits en hommes et en argent ; et il s'en dédommagera d'autant plus vite qu'il fera plus d'avances. Qui ne sème pas, ne récolte pas.

Outre les produits immenses que l'Algérie pourra fournir plus tard en huile, en froment, en tabac, en soie, etc., l'armée pourra, par l'implantation des colons, être réduite de moitié, et là se trouvera déjà une économie qui contrebalancera ses premières avances.

Les fermes colonies pourraient-elles admettre des familles, des hommes mariés ?

Nous n'hésitons pas à répondre négativement : cela offre trop de difficultés de loge ment, entraînerait à des frais de construction trop considérables, et enfin, par la présence des enfants, il y aurait quatre fois autant de consommateurs que de producteurs.

On ne pourrait guère non plus admettre des hommes mariés qui laisseraient femmes et enfants en France : car qui nourrirait ces derniers en l'absence du chef de famille, leur soutien ?

Ces fermes ne peuvent renfermer que des hommes d'une constitution robuste, âgés de vingt à trente ans au plus, auxquels on accorderait, vers la fin de l'association, des congés pour aller se marier en France (ou ailleurs), des indemnités de route seraient accordées à cet effet.

Doit-on admettre dans la communauté un petit nombre de femmes non mariées? Cette question n'est pas la plus facile à résoudre. Leur présence dans un établissement semblable n'est certes pas sans inconvénient. D'un autre côté l'absence complète des femmes dans une ferme présente également de grands inconvénients. Il faut surtout des femmes pour la lingerie et la laiterie. Nous pensons qu'il faudrait en admettre une vingtaine pour une ferme de 250 personnes. Les précautions ont été prises dans le plan de la ferme pour séparer complétement et éloigner les dortoirs et réfectoires des femmes de ceux des hommes, pour que la moralité puisse être sévèrement surveillée et observée. D'ailleurs, n'y a-t-il pas des femmes dans les fermes en France?

Pendant combien de temps les colons doivent-ils travailler ensemble et vivre sous le même toit?

Il faut que l'association dure jusqu'à ce que la totalité des terres affectées à la ferme-colonie, soit mise en rapport, et que la bourgade entière soit bâtie. Pour cela, il faut cinq ans. Faire durer moins longtemps l'association, serait se mettre dans la grave nécessité de fournir aux colons seulement une partie de leurs dix hectares en culture, et de laisser le reste à défricher; ce serait les livrer à l'impuissance, et les empêcher d'être à même de rembourser les avances faites par le gouvernement. Si, au contraire, l'association dure cinq ans, la colonie aura très-probablement, d'après nos combinaisons, remboursé toutes les avances avant que le partage des terres s'effectue, de manière que le colon, en entrant en jouissance de sa propriété, n'aura plus à payer qu'un impôt régulier et ordinaire comme en France.

Quant aux femmes, leur engagement se renouvellerait tous les ans, ce qui leur permettrait de se retirer en cas de besoin, ou de les renvoyer en cas d'inconduite. Elles auraient 365 f. par an du gouvernement, et les vivres de campagne. Elles n'auraient ni droit à une maison, ni droit aux partages des terres, lors même qu'elles passeraient tout un congé. c'est-à-dire cinq ans dans l'établissement. Enfin, on n'y admettrait. que des femmes de la campagne, des femmes aptes à devenir de bonnes fermières.

La solde des colons est réglée sur une autre base que celle des femmes, comme on le verra plus bas. Pour eux le résultat de cinq années de travail sera la possession de 9 hectares de terre en culture; 1 hectare de jardin avec plantations, une maison avec dépendances, les principaux instruments aratoires, une paire de bœufs, une vache, quelques moutons, et 1500 fr. en argent.

Ce que nous avons dit jusqu'à présent, ne concerne que les colons libres, qui contracteraient un engagement volontaire.

Mais pourquoi n'établirait-on pas quelques points de colonisation avec des prisonniers, ainsi qu'avec des hommes condamnés à être transportés, en choisissant parmi eux les moins coupables, les hommes égarés? Notre système pourrait, avec de légères modifications, leur être appliqué, en convertissant ces *fermes-colonies* en pénitenciers.

Les hommes détenus dans les prisons en France, ainsi que ceux qui doivent être transportés hors du territoire français, coûtent beaucoup à l'Etat, et ne sont d'aucune utilité pour leurs familles; ce sont des parasites de la société. Les employer à la colonisation de l'Algérie, serait à la fois un acte d'humanité et un acte d'utilité générale.

Avec le système pénitencier, on choisirait de préférence les hommes mariés qui, devenus libres et propriétaires plus tard, feraient venir leurs familles.

Pour l'emplacement des fermes et des bourgades, il faut rechercher la salubrité, la fertilité, la présence de l'eau et du bois.

La fertilité se rencontre presque partout, et principalement à l'est.

Pour la salubrité, il faut éviter le voisinage des eaux stagnantes, et choisir de préférence de légères hauteurs, s'il y a des sources, ou si l'on peut y conduire par des canaux l'eau des ruisseaux et des rivières. Les cours d'eau, à l'intérieur, ont en général une forte pente, ce qui permet souvent de les conduire à des hauteurs considérables, en les prenant à une certaine distance et les maintenant au même niveau.

Dans le cas où il faudrait, pour avoir de l'eau, s'établir au bord des rivières, on choisira de préférence la rive Nord-Ouest, parce que les vents de ces points cardinaux sont ceux qui dominent dans ce pays, et charrient vers le Sud-Est les émanations putrides des cours d'eau en été.

Le bois ne se rencontre pas partout, surtout le bois de construction qui, à part quelques forêts de la province de Constantine, est assez rare.

Les rives de l'oued Medjerda (sur les frontières de Tunis), que nous avons parcourues sur un assez long trajet, du Nord au Sud, dans une excursion exploratrice, faite en 1845, réunissent au plus haut degré toutes les conditions de colonisation. Ce pays pittoresque est salubre, bien fertile, et arrosé par une foule de cours d'eau. Il y existe des chênes-zanes, des frênes, des ormes, des peupliers blancs, etc. qui peuvent servir pour les constructions. Les ruines romaines qu'on y rencontre à chaque pas, attestent d'ailleurs de la richesse de la contrée. Il est à regretter que nous n'y ayons ni routes, ni occupations militaires.

Mais l'un et l'autre seraient faciles à y établir. Une route romaine, encore bien conservée dans certains endroits, parcourait ce pays, et paraît, d'après sa direction, avoir relié Hippone avec Hamise, avec des embranchements pour Carthage, d'un côté, et Cirta (Constantine) de l'autre.

De petites occupations militaires pourraient être établies sur les ruines de Souck-el-Rass (l'ancienne Thagaste); sur celles de Mdaourouch (Mador), et sur celles de Khamissa, ou l'ancienne Hamise.

Après cet exposé, nous allons d'abord formuler notre projet, et ensuite nous ferons l'évaluation des dépenses.

§ I. *Création des fermes-colonies. — Composition du personnel.*
— Engagement.

Art. 1.

Il sera créé des fermes-colonies sur les points les plus favorables des diverses provinces de l'Algérie.

Art. 2.

Il sera affecté trois mille hectares de terre à chaque ferme.

Art. 3.

Le personnel de chaque ferme-colonie se composera :

1° de 175 cultivateurs, non mariés, âgés de 20 à 30 ans, divisés en six brigades ;

2° de 25 maçons et tailleurs de pierre, dans les mêmes conditions, formant une brigade ;

3° De 23 colons des divers autres métiers, réunissant les conditions des premiers, formant une brigade et composée de :

Deux maréchaux-ferrants, — un serrurier,—deux menuisiers , — deux charrons, — deux charpentiers, — un chaufournier. — deux tuiliers , un bourrelier, — un vitrier,— un ferblantier,—deux tailleurs d'habits,—deux cordonniers,— deux boulangers , — un boucher, — un cuisinier.

4° De vingt femmes ;

5° Du personnel administratif, savoir :

Un directeur, — un sous-directeur, — un secrétaire , — un arpenteur, — un docteur en médecine, — un vétérinaire, — un aumônier.

Les brigadiers seront nommés par le directeur, et choisis parmi les les hommes plus capables.

Art. 4.

Les colons cultivateurs et ceux des divers métiers contractent un engagement de cinq ans.

L'engagement des femmes n'est que pour un an, et se renouvellera tous les ans, s'il y a lieu.

Art. 5.

Les colonies , provisoirement campées sous des tentes, fournies par le gouvernement , bâtiront, d'après un plan donné , des fermes-colonies, dans lesquelles les colons vivront et travailleront en commun pendant cinq ans sous la direction du personnel administratif, dont le directeur sera le chef.

§ II. *Avances faits par le gouvernement.*

Art. 6.

Le gouvernement fournira :

1° Les matériaux pour la construction que les colons ne pourront fournir eux-mêmes, savoir : les bois, le fer et le verre.

2° Les outils et instruments aratoires; les outils et instruments des divers métiers; dix charriots; 25 charrues et autant de herses avec dents en fer ; le harnachement de 25 attelages ; batterie et vaisselle de cuisine ; ameublement, literie; deux pompes à incendie, avec dépendances.

3° Les bestiaux nécessaires dans une ferme, savoir :

Bœufs, 50 ; — vaches et taureaux, 100 ; — juments, 20 ; — étalons , 5 ; — mulets, 10; -- moutons, 200 ; — porcs, 25 ; — poules, 200.

4° Toutes les graines pour ensemencer la première année, et l'orge nécessaire pour l'entretien des bestiaux jusqu'à la première récolte.

5° Les vivres de campagne pendant cinq ans. Ils se composeront par jour :

De 250 rations de 500 gram. de viande ;

    250   id.   de 500 gram. de vin;

    250   id.   de 1 kilog. de pain ;

    250   id.   de 100 gram. de riz.

Sel, quantité suffisante.

(La moitié de la ration de vin pourra être remplacée en été par une ration de café.)

6° Une masse de 50 fr., une fois payée , à chaque colon. (Les femmes et le personnel administratif sont exceptés dans cette disposition.)

7° Les vêtements, savoir :

Un pantalon de drap bleu, avec bande verte, pour deux ans et demi; une veste en | drap bleu, avec collet vert, pour deux ans et demi ; un pantalon en toile bleue, avec bande verte, pour 18 mois; un sarrau en toile bleue, avec collet vert, pour 18 mois ; un chapeau en feutre gris, à larges bords , dit de Provence, pour deux ans.

Les brigadiers porteront les galons de leur grade.

Le personnel administratif est excepté de cette disposition.

Les femmes auront 8 mètres carrés de toile bleue par an.

Les effets de linge et chaussure , ainsi que les pantalons de travail, seront pris sur la masse.

8° A chaque colon (à l'exception du personnel administratif et des femmes) 55 centimes par jour, dont 15 centimes seront versés à la masse, 20 centimes à l'ordinaire. Reste 20 c. à la main.

Les brigadiers auront 10 cent. par jour en sus.

Les femmes, quoique vivant à l'ordinaire , n'y verseront que leurs vivres de campagne.

9° A chaque colon (à l'exception du personnel administratif et des femmes) 1,500 fr. à la fin de son congé, au moment où il entre dans sa propriété.

10° Les médicaments nécessaires, dont nous donnerons plus loin la nomenclature , ainsi que quelques ustensils de pharmacie.

11° Aux femmes, 365 fr. par an.

12° A chaque ferme-colonie les principaux journaux d'horticulture, d'agriculture et une petite bibliothèque, composée d'ouvrages de connaissances usuelles , de littérature et de morale.

§ III. *Appointements du personnel administratif.*

Art. 7.

Les appointements du personnel administratif seront fixés ainsi qu'il suit :

Directeur,	4,000 fr.	} 4,600 fr.
Frais de bureau,	600	
Sous-directeur,		3,000.
Secrétaire,		1,300.
Docteur en médecine,		1,800.
Arpenteur,		1,600.
Vétérinaire,		1,500.
Aumônier,		1,200.

§. **IV**. *Administration, gestion des fonds, discipline.*

Art. 8.

Il y aura dans chaque ferme-colonie un conseil d'administration , et un conseil de famille.

Art. 9.

Le conseil d'administration sera chargé de la gestion des
fonds, dont il restera responsable et envers le gouvernement
et envers la colonie.

Art. 10.

Le conseil d'administration sera composé de huit membres, savoir :

Du directeur, président, — du sous-directeur, vice-prési-
dent ; du médecin, secrétaire ; — du vétérinaire.

Et de quatre colons, nommés par élection , pour un an. Ils
seront rééligibles.

Art. 11.

La direction des travaux appartient au directeur seul , et
au sous-directeur sous ses ordres.

Art. 12.

Il y aura un règlement pour la discipline ; ce règlement
sera soumis à l'approbation des autorités compétentes.

Art. 13.

La discipline et les travaux seront confiés à la surveillance
des brigadiers et du personnel administratif.

Art. 14.

. Le conseil de famille sera chargé de réprimer les infrac-
tions au réglement et à la discipline.

Art. 15.

Le conseil de famille se composera de cinq membres, nommés par élection parmi les colons ; il sera présidé par un membre du personnel administratif, désigné par le directeur. Ils sont rééligibles.

La durée des fonctions des membres du conseil de famille est d'un an.

§ V. — *Assolement, lotissement, construction d'une bourgade. — Congé.*

Art. 16.

Les trois mille hectares de terre attachés à chaque ferme-colonie seront repartis ainsi qu'il suit :

1° De 18 à 19 hectares pour l'emplacement de la ferme et de la bourgade;

2° 5 hectares pour pépinière ;

3° 230 hectares pour jardins et plantations ;

4° 2,070 hectares pour la grande culture, divisés en trois saisons égales, dont une pour le froment, une pour l'orge, et une pour les plantes fourragères, oléagineuses, tinctoriales, le tabac, les pommes de terre, etc.

La grande culture devra alterner dans ces trois saisons.

5° De 676 à 677 hectares de bois et pâturages. Cette partie ne sera pas soumise au lotissement, et restera terre communale.

Art. 17.

Les 230 hectares de jardins seront divisés en autant de lots. Chaque lot renfermera le même nombre et les mêmes espèces d'arbres.

Art. 18.

Chaque saison, de 690 hectares, sera divisée en 230 lots de 3 hectares.

Art. 19.

Pendant les cinq années d'association la colonie profitera

des époques de l'année où il n'y aura pas de travaux agricoles pour bâtir une bourgade de 230 maisons, entourée d'un mur d'enceinte flanqué de quatre bastions pour lui servir de défense.

Le gouvernement fournira le fer, le verre et les bois de construction.

Art. 20.

Dans le courant de la dernière année de la vie en communauté, des congés de trois mois, avec indemnité de route et de séjour, seront accordés successivement (à la moitié à la fois) aux colons pour aller se marier.

Art. 21.

A la fin du congé on procédera au partage de la dernière récolte, des bestiaux, des instruments aratoires, des terres, jardins et maisons. Les lots seront tirés au sort.

§ VI. — *Instruction.*

Art. 22.

On enseignera, dans les fermes-colonies, la lecture, l'écriture, les premiers éléments de l'arithmétique et de la langue française, l'horticulture et l'agriculture, l'économie domestique, quelques notions d'hygiène.

Cet enseignement devra être court, et essentiellement pratique. Il est confié au personnel administratif sous la surveillance du directeur.

§ VII. — *Défense territoriale.*

Art. 23.

Tous les hommes seront armés aux frais de l'Etat, apprendront le mainement des armes, et concourront à la defense des propriétés et du pays.

§ VIII. — *Remboursement des avances du gouvernement.*

Art. 24.

Tous les ans les fermes-colonies fourniront au gouvernement :

1° La moitié de la récolte de tabac ;

2° Pendant les quatre premières années la totalité de ce
qui restera de froment après les semailles.

Art. 25.

La seconde moitié de la récolte de tabac sera annuellement
vendue à l'Etat, et le produit de cette vente sera destiné à
l'achat de bestiaux, de manière à pouvoir fournir à chaque
colon, à la fin de son congé, une paire de bœufs, une vache
et une demi-douzaine de moutons.

Art. 26.

Toutes les récoltes de la cinquième année, à l'exception
du tabac, seront partagées entre les membres de la colonie.
Les femmes ne participeront pas à ce partage, ni à celui des
terres et des maisons.

Art. 27.

Un compte sera réglé à la fin de la cinquième année, entre le
gouvernement et les colonies, pour les avances et les remboursés. La somme restant à rembourser à l'Etat, s'il y a lieu,
sera répartie par cotes-parts entre les colons.

Art. 28.

Chaque colon, à partir de la sixième année, livrera à l'Etat,
s'il reste débiteur envers lui, la dizième partie de ses récoltes
de céréales et la moitié de son tabac.

Art. 29.

Chaque colon sera tenu d'entretenir au moins autant de
têtes de gros bétail (bœufs, vaches, chevaux, etc.) et deux

fois autant de têtes de petit bétail (moutons, porcs) qu'il aura d'hectares de terre. Une partie de l'élève de ces bestiaux sera livrée à l'Etat, en remboursement, s'il y a lieu.

§ IX. — *Formation des municipalités. — Destination des fermes-colonies et des pépinières.*

Art. 30.

A la fin de la cinquième année, au moment où les colons vont entrer en jouissance de leurs propriétés, la colonie sera transformée en municipalité et en paroisse.

Les colons, avant leur sortie des fermes-colonies, procéderont, sous la présidence du di recteur, à l'élection du conseil municipal.

Le maire sera nommé par le gouvernement, et choisi parmi les membres du conseil. Il aura provisoirement une partie des attributs de la justice de paix.

Art. 31.

La ferme-colonie sera propriété communale, et servira d'hôtel-de-ville, de presbytère, de maison d'école, etc.

Art. 32.

La pépinière restera propriété communale et sera entretenue aux frais communs de la colonie, sous la direction du conseil municipal. Elle continuera ainsi à fournir des arbres aux colons, à garnir les chemins de communication, les routes, les promenades, et les terres qui doivent être converties en forêts.

Art. 33.

Les maires des communes veilleront à ce que les coupes de bois se fassent d'une manière régulière et non préjudiciable au reboisement.

§ X. — *Conditions imposées aux étrangers pour devenir électeurs et éligibles dans les municipalités coloniales.*

Art. 34.

Pour devenir électeur, il faut :

1° Six mois de résidence ; 2° verser 50 fr. à la caisse municipale.

Art. 35.

Pour être éligible, il faut avoir satisfait à l'article 34, et posséder dans le ressort de la municipalité une propriété imposable.

Art. 36.

Tout étranger qui s'établira dans les colonies sans satisfaire à l'article 34, n'aura ni droit aux pâturages, ni droit aux bois communaux.

Paragraphe supplémentaire ,

Concernant les indemnités de route, les congés, les séjours dans les infirmeries, et le partage des outils des divers métiers.

Art. 37.

Il sera acccordé une indemnité de route pour se rendre en Algérie. Cette indemnité sera de 2 fr. par étape pour les femmes et les colons, et de 5 fr. pour le personnel administratif, qui voyagera d'urgence. La même indemnité sera accordée pour l'aller et le retour à ceux qui iront en France pour se marier.

Art. 38.

L'indemnité de séjour en France, pendant les congés de mariage, sera de 1 fr. 55 c. par jour pour les colons , et de 1 fr. 65 c. par jour pour les brigadiers. Cette indemnité remplacera la solde et les vivres de campagne qu'ils toucheraient à leur poste pendant ce temps.

L'indemnité de séjour accordée au personnel administratif pendant un congé de mariage sera la continuation de sa solde, moins les vivres de campagne. L'indemnité de route sera de 5 fr. par étape.

Art. 39.

Les hommes malades dans l'infirmerie ne verseront à l'ordinaire que les vivres de campagne. Il leur sera fait une retenue de 30 c. par jour sur leur solde journalière, pour paiement des médicaments fournis par l'Etat.

Les femmes malades ne toucheront que la demi-solde. Le personnel administratif, comptant à l'infirmerie, paiera 75 c. par jour.

Le sulfate de quinine, pris hors de l'infirmerie, sera imputé selon le tarif des hôpitaux militaires à ceux qui le recevront.

Art. 40

Les médicaments fournis pour l'hippiatrique seront portés sur les dépenses générales, et supportés par la communauté pour les remboursements à l'Etat.

Art. 41.

Les outils des divers métirs seront partagés, à la fin de l'association, entre les ouvriers de ces métiers, sans que pour cele ils cessent de participer au partage des instruments aratoires.

Ar. 42.

Les ustensils de pharmacie appartiendront au médecin. Les médicaments accordés pour l'infirmerie resteront au médecin, et ceux accordés pour l'hippiatrique, au vétérinaire. Les médicaments accordés pour l'infirmerie et pour l'hippiatrique à la fois seront partagés entre eux. Les médicaments leur seront imputés selon le tarif des hôpitaux militaires.

§ XI. — *Nomenclature des médicaments qui devront exister dans chaque ferme-colonie , et qu'on sera autorisé de se procurer dans les pharmacies des hôpitaux militaires des divisions ou subdivisions militaires les plus raprochées, sur bons du médecin ou du vétérinaire , visés par les directeurs desdits établissements.*

Ces médicaments sont ceux accordés aux infirmiers régimentaires, par décision ministérielle des 19 août 1843 et 2 juin 1845 ; et pour l'hippiatrique, par décision ministérielle du 29 octobre 1845.

NOTA. Les médicaments dont le nom est précédé d'un astérisque, sont pour l'hippiatrique ; ceux dont le nom est précédé de deux astérisques, sont à la fois pour l'hippiatrique et pour l'infirmerie ; ceux enfin dont le nom n'est précédé d'aucun astérique, sont uniquement pour les infirmiers.

TITRE Ier. — MÉDICAMENTS SIMPLES.

Racines.
- Chiendent.
- * Gentiane jaune.
- * Gentiane jaune pulvérisée.
- ** Guimauve sèche et ratissée.
- Patience.
- ** Réglisse.

Écorces.
- * Quinquina gris de Loxa.
- * Quinquina jaune (sans épiderme ni lichens).

Feuilles et tiges feuillées.
- Bouillon blanc.
- Bourrache.
- Guimauve.
- ** Mauve sauvage sèche.
- * Morelle noire sèche.
- * Tabac.

<table>
<tr><td rowspan="9">Fleurs et sommités fleuries.</td><td>Bouillon blanc.</td></tr>
<tr><td>Bourrache.</td></tr>
<tr><td>** Camomille romaine.</td></tr>
<tr><td>Mauve sauvage.</td></tr>
<tr><td>Petite centaurée.</td></tr>
<tr><td>* Romarin.</td></tr>
<tr><td>Semen-contra pulvérisé.</td></tr>
<tr><td>** Sureau.</td></tr>
<tr><td>Tilleul.</td></tr>
</table>

Fruits et sémences. Capsules de pavot blanc.
Poivre cubèbe pulvérisé.

Cryptogame. Agaric amadouvier.

SUCS VÉGÉTAUX.

Gommeux. ** Gomme sénégal blanche, choisie.

Résineux.
* Aloès.
* Assa fœtida.
Colophane pulvérisée.
** Goudron.
** Oléo-résine de copahu.
Oléo-résine de térébenthine.
* Poix noire.

Huileux fixes.
* Cire jaune.
* Huile de baies de laurier.
** Huile d'olives.
* Huile de semences de croton tiglium.
* Huile de semences de lin.

Huileux volatils.
* Camphre.
* Huile volatile de térébenthine.

Extraits du commerce. * Opium brut.

Sangsues.

TITRE II. — MÉDICAMENTS COMPOSÉS.

1° *Composés chimiques divers.*

Acides.
Azoïtique à 35°.
Chlorhydrique à 23 -25°.
** Sulfurique à 66°.
Tartrique purifié.

Alumine. ** Sulfate d'alumine et de potasse (alun).

Ammoniaque. Ammoniaque liquide à 22°.

Antimoine.
* Chlorure d'antimoine.
Oxy-sulfure d'antimoine hydraté (kermès) pour hommes.
* Oxy-sulfure d'antimoine hydraté (kermès) pour chevaux.
** Tartrate de potasse et d'antimoine (émétique).

Argent.
Azotate d'argent cristallisé.
** Azotate d'argent fondu.

Chaux. * Chlorure de chaux sec à 86° (au chloromètre).

Cuivre.
* Acétate de cuivre brut (vert de gris).
Sulfate de cuivre.

Ether. * Ether sulfurique à 60°.

Fer. * Sulfate de fer.

Magnésie.
Carbonate de magnésie.
* Sulfate de magnésie.

Mercure.
** Bichlorure de mercure.
Protochlorure de mercure.

Plomb. * Acétate de plomb cristallisé (sel de saturne).

Potasse. ** Azotate de potasse.

Soude.	** Chlorure d'oxyde de sodium (liqueur de Labarraque). ** Sulfate de soude.
Zinc.	Sulfate de zinc.

2° Composés officinaux.

Acétates.	* Acétate d'ammoniaque. ** de Plomb liquide.
Alcoolés.	* d'Aloès. * de Camphre (eau-de-vie camphrée). * de Cantharides. ** d'Extrait d'opium. d'Iode.
Alun.	** Alun desséché.
Cérat.	* Cérat de Galien. Cérat simple.
Eau.	Distillée simple.
Emplâtres.	Emplâtre brun (de la mère Thècle). » mercuriel (de Vigo cum mercurio).
Extraits.	* de Gentiane. ** d'Opium purifié.
Mellite.	Mellite de roses rouges.
Onguent.	** Basilicum.
Polysulfure.	** Polysulfure de potassium.
Pilules.	Pilules de sulfate de quinine.
Polysulfure.	** De potassium.
Pommade.	Antipsorique au sel marin. * de Peuplier (onguent populéum). ** Mercurielle.

<table>
<tr><td rowspan="5" style="writing-mode: vertical-lr">Poudres simples.</td><td>de Racines d'Ipécacuanha.</td></tr>
<tr><td>de Racines de Jalap.</td></tr>
<tr><td>* de Noix vomique (noix vomique râpée).</td></tr>
<tr><td>** de Gomme adraganthe.</td></tr>
<tr><td>** de Cantharides.</td></tr>
</table>

Solution. Cupro-arséniée (collyre de Laufranchi).

Sparadraps emplastiques. D'Emplâtre diachylon gommé.

TITRE III. — DENRÉES MÉDICINALES.

Matières sucrées. Miel blanc.

Moutarde. ** Moutarde noire pulvérisée.

Semences. ** de Lin entière. ** de Lin pulvérisée.

Substances gommeuses. Amidon.

Liste supplémentaire de médicaments non compris parmi ceux accordés aux infirmiers régimentaires, et indispensables aux infirmiers des fermes-colonies.

TITRE Ier. — MÉDICAMENTS SIMPLES.

Racines de valériane ; — bois de douce-amère ; — écorce de racines de grenadier ; — feuilles de lierre terrestre ; — d'oranger ; — de séné de Tripoli ; — de trèfle d'eau; — fleurs de houblon ; — fruits d'amendes douces; — mousse de Corse ; — huile de ricin ; — huile volatile de citron ; — de menthe.

TITRE II. — MÉDICAMENTS COMPOSÉS.

1° *Composés chimiques divers.*

Tartrate de fer et de potasse ; — proto-iodure de mercure ; — iodure de plomb ; — hydrate de potasse; — iodure de potassium ; — sulfate de quinine ; — bicarbonate de soude.

2° *Composés officinaux.*

Alcoolat de cochléaria composé. — Alcoolé de canelle ; — de colchique; — de digitale ; — de quinquina jaune (Calisaya) ; — de scille: — Hydrolat de fleurs d'oranger; — de laurier-cerise. — Poudre simple de racines de rhubarbe ; — de réglisse.

TITRE III. — DENRÉES MÉDICINALES.

Sucre lumps blanc.

TITRE IV. — OBJETS SERVANT A L'EXPLOITATION DE LA PHARMACIE.

Bouchons de liège, petits et moyens. — Fioles à médecine de la capacité de 60 grammes; — de 125 grammes; — de 250 grammes.

Chaque Pharmacie des fermes-colonies devra en outre contenir les ustensiles ci-après :

Fil, 10 échevaux ; — aiguilles, 100 ; — épingles, 1,000; — un petit mortier de marbre et son pilon en bois ; — un petit mortier en fer et son pilon ; — un petit mortier de verre et son pilon ; — un gobelet de ferblanc de la contenance de 300 grammes ; — un gobelet de verre de la contenance de 250 grammes ; — une balance en cuivre et ses poids assortis ; — un trébuchet garni ; — deux spatules de fer ; — deux spatules de bois ; — deux mètres d'étamines.

§ XII. — *Tenuue du personnel administratif. — La tenue du personnel administratif est à leur charge; elle se compose de la tenue ordinaire et de la grande tenue.*

1° *Tenue ordinaire.*

Pantalon en drap bleu clair, avec une bande en drap vert-pré de trois centimètres de largeur.

Une tunique en drap bleu de roi , avec collet droit en vert-pré , sans broderie.

Casquette en drap bleu de roi, avec bord en drap vert-pré, portant sur celui du directeur 1 galon en or et 3 en argent; sur celui du sous-directeur 4 galons en argent ; sur celui du médecin 3 galons en argent ; sur ceux de l'arpenteur et du vétérinaire 2 galons en argent ; et enfin sur celui du secrétaire un galon en argent.

2º Grande tenue.

Même pantalon que pour la tenue ordinaire.

Képi droit, en drap bleu de roi, avec un bord en drap vert-pré, portant les mêmes galons que la casquette.

Tunique : la même que pour la petite tenue , à l'exception du collet du médecin, qui est en velours cramoisi, et de celui du vétérinaire, qui est en velours violet.

Broderie du collet de la tunique de la grande tenue :

Pour le directeur , collet bordé par une baguette en or et une baguette en argent ; ayant au-dessous, de chaque côté, un épi de blé et une branche d'olivier en argent faisant le tour du collet.

Pour le sous-directeur, un collet bordé par deux baguettes en argent, ayant au-dessous , de chaque côté, un épi de blé et une branche d'olivier, laissant par derrière un espace de 6 centimètres de vide entre leurs extrémités.

Pour le médecin , les broderies en argent de chirurgien-major, de plus les pattes sur les épaules.

Pour le vétérinaire, les broderies en argent de vétérinaire en premier, avec une torsarde sur les épaules.

Pour l'arpenteur , un collet bordé par une baguette en argent, et ayant an-dessous deux épis de blé en argent, laissant

par derrière un vide de 14 centimètres entre leurs extrémités.

Pour le secrétaire, un collet bordé de deux baguettes en
argent.

Pour tous un couteau de chasse avec ceinturon.

§ XIII *Estimation des dépenses qu'aura à faire le gouvernement
pour chaque ferme-colonie, et les bourgades de 230 familles
qui surgiront de ces fermes.*

1° *Fer, verre, et bois de construction pour la Ferme.*

En estimant le mètre cube de poutrelles à 17 fr., le mètre
carré de planches à 2 f., et ajoutant les clous nécessaires, nous
aurons :

Pour la toiture de l'aile d'habitation. . .   6,851 f. 50 c.
Pour le plancher du grenier   5,715   50
Pour le plancher du premier étage. . .   5,715   50
Pour le plancher du poulailler.   2,587   »
Pour la toiture des dépendances et des
écuries.   16,815   »
Escaliers ; volets des écuries.   2,500   »
En estimant une porte de 3 mètres de hau-
teur , savoir :

Bois, chêne et sapin. .   15 fr. ⎫
Fer, peinture. . . .   8 ⎬ 23 fr.
⎭

Nous aurons :

52 Portes à 23 fr.   1,196   »
58 Portes à 18 fr.   1,044   »
4 Portes à 50 fr.   0,200   »
En estimant les fenêtres de 2 mètr. 50 cent.

A reporter. . . .   42,624 f. 50 c.

Report. . . . 42,624 f. 50 c.

de hauteur, sur 1 mètr. 20 cent. de largeur,
savoir :

> Bois. . . . 5 fr.
> Verre. . . . 18   } 26 fr.
> Fer, peinture. 3

Nous aurons :

180 Fenêtres à 26 fr. 4,680   »

25   id.   à 20 fr. 0,500   »

Ajouter, si l'on ne peut avoir une fontaine :

* Une machine hydraulique Letestu. . 2,000   »

Total pour la ferme. . . 49,804 f. 50 c.

2° Bois de construction, fer et verre pour la bourgade.

Une maison de colon, avec ses dépendances, coûte d'après
l'estimation faite sur les bases précédentes, la somme de qua-
torze cent quatre-vingts francs, ce qui fait pour une bourgade
de 230 maisons. . . . . 343,360 fr.

Une machine hydraulique Letestu. . . . 2,000

Total. . . . . . 345,360 fr.

*3° Outils et instruments aratoires et d'horticulture ; Harnais ;
Pompes à incendie.*

230 Charrues *Rosé*, n° 1, avec leur avant-train,
à 74 fr., tant pour la ferme que pour la
bourgade. . . . . 17,020 fr.

A reporter. . . . 17,020 fr.

---

* Nota. Cette machine, que nous avons vu fonctionner, coûte de 1,200 à
2,000 francs. Entièrement en fonte et en fer, elle se recommande par sa
solidité, sa simplicité, et la grande quantité d'eau qu'elle verse avec peu de
forces motrices. Elle puise à 8 mètres de profondeur.

Se trouve chez M. Letestu, rue du Temple, 40, à Paris.

	Report.	17,020 fr.
Les matériaux pour 10 charriots à 4 roues, pour la ferme, à 500 fr.		5,000
230 Herses avec dents en fer, à une bête, à 50 fr., tant pour la ferme que pour les colons. .		11,500
10 Camions à bras, à 100 fr., pour la ferme. .		1,000
25 Brouettes à 15 fr., pour la ferme, . . .		375
Harnais, pour la ferme, de 30 chevaux ou mulets * à 80 fr. (fabriqués par la colonie).		2,400
Deux Pompes complètes à incendie, avec 50 sceaux		2,125
230 Houes fourchues, fortes, à 6 fr. 50 c. . .		1,415
230 Pioches, fortes, à 6 fr.		1,380
230 Binettes, fortes, à 3 fr. 50 c.		805
230 Serfouettes, plates d'un côté, fourchues de l'autre, à 3 fr. 50 c.		805
230 Serpes à 3 fr. 50 c.		805
10 Bêches à 6 fr.		60
10 Louchets à 7 fr.		70
20 Haches à 6 fr.		120
230 Serpettes à 1 fr. 50 c.		345
5 Croissants à 6 fr. . . . , ...		30
10 Sécateurs à 4 fr.		40
230 Greffoirs à 2 fr.		460
230 Fourches à 3 dents, en fer, à 3 fr. 50 c. .		805
230 Crochets en fer, à deux dents, pour le fumier, à 3 fr. 50 c.		805
	A reporter. . . .	47,365 fr.

* NOTA. Les attelages des bœufs ne doivent pas entrer en ligne de compte, à cause de leur bas prix.

	Report.	47,365 fr.
230	Pelles en fer, à 3 fr. 50 c.	805
230	Arrosoirs en zinc, avec pomme en cuivre, à 3 fr.	690
4	Scies à main, pour tailler les arbres, à 4 f.	16
	Cordeau.	20
230	Faux, avec ou sans playon, à 7 fr. . .	1,610
1	Grande machine à battre les grains, en fonte	2,400
	Total.	52,906 fr.

4° *Bestiaux.*

	Bœufs, vaches et taureaux, 150 à 80 fr. .	12,000 fr.
20	Juments et 5 étalons à 400 francs	10,000
10	Mulets à 300 fr.	3,000
200	Moutons à 10 fr.	2,000
25	Porcs à 60 fr.	1,500
200	Poules à 1 fr.	200
	Total. . . .	28,700 fr.

5° *Batterie de cuisine et vaisselle.*

2	Marmites en cuivre étamé, à 230 fr. . . .	620 fr.
	Casseroles et accessoires divers.	60
32	Gamelles (pour 8 personnes) en fer battu, étamé, à 4 fr.	128
260	Assiettes en fer battu et étamé, à 50 c. . .	130
250	Gobelets en étain, à 50 c.	125
260	Couverts en fer étamé, à 35 c.	91
260	Couteaux de table, à 30 c.	78
	A reporter.	1,232 fr.

Report. . . . . . . 1,232 fr.

230 Bidons en zinc, avec couvercle (pour la ferme
et la bourgade), de la capacité de 10 litres,
à 5 fr. 750

Total. . . . . . . 1,982 fr.

6° *Ameublement.*

16 Tables à 15 fr. . . . . 240 fr.

10 Tables à 10 fr. 100

8 Tables à 5 fr. 40

1 Grande armoire. 40

Des rayons 100

275 Petites armoires de 0^m40 de côté, sur 0^m50 de
hauteur, pour être placées à côté des lits, où
elles servent en même temps de chaises,
à 5 fr. 1,375

32 Bancs, à 8 fr. 256

40 Chaises à 5 fr. 200

1 Bureau. 20

Total. . . . . . 2,371 fr.

7° *Literie.*

275 Couchettes, en chène et sapin, à 15 fr. . . 4,125 fr.

275 Petits matelas, à 20 fr. 5,500

275 Petites couvertures en laine à 15 fr. . . . 4,125

275 Oreillers, à 3 fr. 825

25 Paires de draps de lit, en toile, à 12 fr. . . 200

Total. . . . . . 16,575 fr.

8° *Outils des divers métiers.*

A. Maçons.

25 Marteaux, à 4 fr. 25 c. . . . . 106 f. 25 c.

A reporter. . . . . 106 f. 25 c.

Report.	106 f.	25 c.
Les mêmes à renouveler.	106	25
15 Hachettes assorties.	40	»
25 Truelles Berthelet, à 2 fr. 50 c.	62	50
5 Truelles en cuivre, à 4 fr.	20	»
25 Truelles en fer, à 2 fr. 50 c.	62	50
Les mêmes à renouveler.	62	50
6 Pioches, à 6 fr.	36	»
36 Poinçons, à 1 fr. 50 c.	54	»
10 Plombs, à 1 fr. 25 c.	12	50
5 Niveaux, à 1 fr. 50 c.	7	50
10 Riflards, à 1 fr. 25 c.	12	50
5 Equerres, à 3 fr. 50 c.	17	50
10 Pelles en fer, à 3 fr.	30	»
10 Rabots ferrés, à 3 fr.	30	»
Auges et taloches.	15	»
Tamis et seaux.	100	»
Divers.	100	»
Total	875 f.	»

B. Outils pour tailleurs de pierre.

2 Bouchardes.	16 f.	» c.
4 Ripes.	13	»
12 Ciseaux et poinçons.	15	»
3 Gradines.	4	»
3 Masses.	9	»
1 Têtue.	8	»
2 Equerres.	7	»
2 Compas fausse-équerre.	15	»
2 Maillets.	2	50
A reporter	89 f.	50 c.

	Report	89 f. 50 c.
6 Pinces.		42 »
2 Crics		120 »
2 Ripes langue-de-chat.		6 »
2 Spatules		2 50
2 Pioches à pierre tendre.		12 »
6 Gros Poinçons.		17 »
2 Sciés à pierre.		45 »
Outils divers.		16 »
	Total.	350 f. »

C. Outils d'un maréchal-ferrant.

1 Soufflet		70 f. » c.
1 Enclume.		120 »
Marteaux		30 »
Pinces de forge		15 »
Tranches, chasses		15 »
2 Ferretiers		10 »
1 Sac à outils		10
1 Tricoise.		3 50
1 Boutoir		2 75
1 Brochoir.		2 75
1 Rogne-pied.		1 »
2 Râpes.		5 »
1 Etau		40 »
Outils pour un ouvrier en plus.		20 »
	Total.	345 f. »

D. Outils d'un serrurier.

1 Etau		50 f. »
1 Enclume.		120 »
	A reporter.	170 f. » c.

		Report.	170 f.	» c.
	Marteaux de forge	35	»
	Pinces de forge. . . . . ·	30	»
1	Soufflet	70	»
2	Etaux à main.	6	50
1	Scie à métaux	6	»
	Limes assorties.	25	»
3	Rivoirs	6	»
1	Clef anglaise.	10	»
3	Filières	75	»
1	Cisaille à main	5	»
1	Meule.	20	»
	Vilbrequin et mèches.	6	»
	Machine à percer.	75	»
	Porte-foret et forets.	6	»
	Règle-équerre	10	»
	Tranches et chassis.	40	»
	Menus outils.	32	50
	Burins.	12	»
		Total.	640	»

E. Outils d'un menuisier.

1	Etabli et son valet	45 f.	» c.
2	Varloppes	15	»
1	Rabot.	3	50
4	Paires de bouvets.	14	»
1	Guillaume.	2	»
4	Scies	15	»
2	Scies à main et pointues.	6	»
1	Bouvet de 2 pièces.	7	»
10	Moulures	20	»
		A reporter.	127 f. 50 c.	

		Report.	127 f.	50 c.
6	Ciseaux et fermoir		5	50
5	Bédanes		3	25
2	Marteaux		2	75
1	Maillet		0	50
	Equerre, règle, niveau		5	50
1	Paire tenailles		1	50
1	Vilbrequin et mèches		5	»
2	Serre-joints en fer		25	»
6	Presses en bois		10	50
	Pot à colle		2	50
	Pierre à affuter		5	»
	Vrilles, tournevis		5	50
	Outils pour un ouvrier en plus		150	»
	Total		350 f.	» c.

F. Outils d'un charpentier.

1	Besaiguë		11 f.	»
1	Cognée		7	»
1	Essette		7	»
1	Herminette à gouge		10	»
1	Marteau		1	50
1	Paire tenailles		1	75
6	Tarrières		10	»
1	Rainette		1	75
1	Compas de poche		0	90
2	Compas fausse équerre		15	»
1	Scie à main		6	»
1	Grande scie		12	»
	Cordeau et virole		1	»
	A reporter.		84 f.	90 c.

	Report.	84 f. 90 c.
	Plomb et niveau.	6 »
1	Ébauchoir.	1 75
	Outils complémentaires	7 35
	Outils pour un ouvrier en plus.	45 »
	Total	145 f. »

G. Outils d'un charron.

3	Cognées.	20 f. »
2	Essettes.	14 »
3	Gouges carrées.	9 »
3	Gouges à ouvrier.	13 »
3	Gouges planes.	8 50
3	Gouges à amorcer	5 »
	Tarrières diverses.	10 »
1	Filière pour boulons.	35 »
1	Filière pour essieux.	150 »
1	Masse.	9 »
1	Étau.	50 »
1	Machine à percer	60 »
1	Enclume.	120 »
	Marteaux assortis.	30 »
	Tenailles de forge	15 »
	Ciseaux et autres.	10 »
	Scies	15 »
	Outils complémentaires	26 50
	Outils pour un ouvrier en plus.	150 »
	Total	750 f. »

H. Outils d'un ferblantier.

2	Tas polis.	90 f. » c.
1	Bigorne.	60 »
	A reporter.	150 f. » c.

Report.	150 f.	» c.
1 Bigorne à gouttière	36	»
2 Bigornes à pince	36	»
1 Bigorne à rentrer	18	»
1 Bigorne à robe	14	»
3 Bigornes à bougie, goulot	25	»
1 Tasseau d'établi	21	»
1 Bigorneau à talon	18	»
1 Bigorneau queue d'hirondelle	11	»
1 Pied de biche	18	»
1 Soyage	17	»
1 Marly	7	50
1 Cuillère à vase	17	50
1 Cuillère à bec cintrée	5	»
1 Outil à gorge	4	50
12 Boules	60	»
6 Tasseaux	24	»
6 Bordoirs	18	»
2 Tranches	16	»
2 Cisailles d'établi	50	»
2 Cisailles à main	8	»
2 Marteaux à planer	12	»
20 Marteaux assortis	45	»
2 Masses	10	»
4 Outils à rosette	15	»
12 Emporte-pièces	35	»
12 Bouterolles et chasse-rivures	11	»
8 Outils à découper	6	»
6 Poinçons et ciseaux	2	50
A reporter.	711 f.	» c.

Report . . . . 711 f. » c.

6 Gouges	9	»
6 Fers à souder	20	»
1 Fourneau	10	»
1 Pince à souder	6	»
1 Outil de moulure à guide avec six pièces de rechange	42	»
1 Étau	30	»
1 Paire de pinces à main	7	»
Limes, râpes, etc.	28	»

Total . . . . 863 f. » c.

1. Outils d'un Bourrelier.

1 Jeu de rembourroirs	25 f.	»
1 Couteau à pieds	8	»
1 Rainette	2	»
1 Étau	20	»
1 Paire de formes	30	»
1 Compas	1	»
1 Mètre	1	»
1 Coin	1	»
1 Serpette	3	»
1 Maillet	2	»
6 Emporte-pièces assortis	9	»
1 Griffe	6	»
1 Couteau à mécanique	20	»
1 Ciseau à bois	1	50
1 Ciseau pour le cuir	2	»
1 Essette	4	»

A reporter . . . . . . 135 f. 50 c

		Report.	135 f. 50 c.
1	Râpe		2 »
2	Marteaux		10 »
1	Paire de pinces en bois		1 50
2	Limes		4 »
1	Equerre		1 »
1	Assortiment de vrilles		2 »
1	Vilbrequin		5 »
	Poinçons		5 »
	Tenailles		2 »
	Pinces à estamper		2 »
1	Passe-attache		1 »
1	Abat-cuir		2 »
1	Paire de ciseaux		6 »
	Aiguilles		1 »
	Assortiment d'alênes		8 »
	Carlets		1 »
		Total	189 f. »

J. Outils d'un cordonnier.

25	Paires de formes, à 1 fr. 50 c.		37 f. 50
1	Paire de pinces		2 »
1	Paire de tenailles		1 50
	Roulettes et fer à talon		5 »
	Mailloches		4 »
	Assortiment de fers à coulisse		20 »
	Fer à jointures		2 »
	Fer à piqures		2 »
18	Tranchets à 1 f. 25 c.		22 50
		A reporter.	96 f. 50 c.

Report. . . . . 96 f. 50 c.

Marteau. . . . . 5 »

Compas de cordonnier. . . . . . . 2 »

1 Jeu d'embauchoirs. . . . . 25 . »

Assortiment d'alênes. . . . . . . 4 »

1 Semelle de fer . . . . 5 »

4 Astics . . . . 2 »

Outils divers. . . . . 10 »

Total. . . . . . 149 f. 50 c.

K. Outils de vitrier, tailleur d'habits, chauffournier,

tuiliers, etc. . . . . 400 f. » c.

9° *Vivres de campagne.*

250 Rations par jour, à 1 fr., pendant 5 ans. . 456,250 f. » c.

10° *Les diverses soldes.*

Solde de 223 colons à 55 centimes par jour. . 223,836 f. 25 c.

Les 10 centimes de supplément de solde pour

les brigadiers . . . . 1,460 »

La solde de 20 femmes à 365 fr. par an. . . 36,500 »

La solde du personnel administratif. . . . 75,000 »

223 Masses de 30 fr.. . . . . 6,690 »

1500 fr. aux 223 colons à la fin du congé. . 334,500 »

Total. . . . . . . 677,986 f. 25 c.

11° *Vêtements.*

446 Vestes en drap , à 12 fr. . . . . 5,352 f. »

446 Pantalons en drap, à 13 fr.. . . . . . 5,798 »

892 Pantalons en toile bleue , à 3 fr. . . 2,676 »

892 Sarraus en toile bleue, à 3 fr.. . . . 2.676 »

892 Chapeaux de Provence , à 3 fr. . . . 2,676 »

A reporter. . . . . 19,178 f. » c.

Report. . . . . . 19,178 f. » c.

800 Mètres carrés de toile bleue pour les
femmes, à 1 fr. 50 c. . . . . 1,200 »

Total. . . . . . 20,378 f. »

12° Les diverses indemnités de route. . 42,944 f. »

13° Abonnement aux journaux d'horticulture et d'agriculture. . . . . 500 »

Bibliothèque. . . . . 2,000 »

14° Matériaux pour la construction d'une
briqueterie . . . . 6,000 »

15° Fer, ferblanc, cuivre, plomb, cuir,
bois, etc., pour entretien et répara-
tions. . . . . 10,000 »

RÉCAPITULATION DES DÉPENSES.

Ferme-colonie. . . . . 49,804 f. 50 c.

Briqueterie. . . . . 6,000 »

Bourgade. . . . . 345,360 »

(1) Instruments aratoires et d'horticulture,
harnais, pompes à incendie. . . . 52,906 »

Bestiaux. . . . . 28,700 »

Batterie de cuisine et vaisselle. . . . 1,982 »

Ameublement. . . . . 2,371 »

Literie. . . . . 16,575 »

A reporter. . . . . 503,698 f. 50 c.

(1) On trouve de bons instruments tranchants chez **M. Groulon**, cou-
tellier, rue Saint-Jacques, 245, à Paris.

Report	503,698 f.	50 c.
(1) Outils des divers métiers.	5,056 f.	50 c.
Vivres de campagne.	456,250	»
Les diverses soldes.	677,986	25
Habillement.	20,378	»
Bibliothèque et abonnement aux jour-		
naux.	2,500	»
Entretien et réparations.	10,000	»
Les diverses indemnités de route. . .	42,944	»
Total général.	1,718,813 f.	25 c.

La somme totale à dépenser, évaluée au maximum, se
monte donc à un million, sept cent dix-huit mille huit cent
treize francs, ce qui fait sept mille quatre cent soixante-treize
francs dix centimes pour chaque colon. Cette somme est
énorme; mais si l'on considère que le gouvernement perçoit
en retour au fur et à mesure qu'il fait des avances durant
cinq ans, ce chiffre n'a plus rien d'effrayant.

Le tout est de savoir maintenant si la colonie peut rembourser au fur et à mesure dans les proportions nécessaires
pour se libérer enièrement. C'est ce que nous allons examiner,
en estimant au minimum les remboursés, tandis que nous
avons estimé au maximum les avances.

C'est en blé et tabac, comme nous avons dit, qu'on rembour-
sera. Les fermes peuvent aussi fournir la moitié de l'orge,
une moitié suffisant pour leurs besoins. Nous supposons que
les terres ne soient pas toutes à défricher, et nous disons qu'en

(1) Les outils des divers métiers, se trouvent réunis à la flotte d'Angle-
terre, chez M. Achille Joliot, à Paris; on y trouve aussi tous les autres
outils.

fait de blé, les fermes peuvent cultiver :

La 1ʳᵉ année , 250 hectares.
La 2ᵉ   id.   350   id.
La 3ᵉ   id.   450   id.
La 4ᵉ   id.   550   id.

Total. . 1,600 hectares.

Nous ne comptons pas la 5ᵉ année, dont le blé sera partagé entre les colons.

Une ferme peut donc cultiver 1,600 hectares en blé.

En comptant, déduction faite des semailles, 9 hectolitres de blé par hectare, nous aurons 14,400 hectolitres ; comptant l'hectolitre à 15 fr., cela fera une somme de 216,000 fr.

Comptons aussi 100 mille fr. en orge.

Quant à la culture du tabac , c'est la plus productive , et celle qui offrira le plus de ressources à la France, qui en achète tous les ans une si grande quantité à l'étranger. — L'administration paye le tabac Philippin, cultivé en Algérie, depuis 120 jusqu'à 140 fr. le quintal métrique. D'après cette donnée nous pouvons estimer au minimum à 1,300 francs le produit d'un hectare. Or, une ferme peut fournir pendant les cinq ans d'association, les produits de 1,100 hectares , ce qui fait une somme de 1 million 430 mille 650 francs.

Récapitulation des remboursés possibles :

Blé . . . .   216,000 fr.
Orge.   100,000
Tabac.   1,430,650

Total. . . 1,746,650 f.

Nous voyons donc qu'il est possible de rembourser à l'État toutes ses avances, avant la cessation de l'association, et de les rembourser presqu'au fur et à mesure qu'elles sont faites,

de sorte que malgré l'énormité des dépenses à faire, la Colonisation de l'Algérie, d'après ce système, ne sera pas onéreuse
pour la mère patrie, et fournira aux colons un bien-être qui
sera une nouvelle source de richesse pour la France.

La colonisation par famille, entraînera évidemment à de
plus fortes dépenses, et n'offrira pas les mêmes avantages.
Néanmoins si nous songeons aux nombreuses familles néces-
siteuses, nous sommes loin de vouloir exclure ce système.
Nous voudrions, au contraire, si le nôtre était adopté, voir se
grouper autour des fermes-colonies, un petit nombre de vil-
lages d'une trentaine de familles, dont les fermes devien-
draient les chef-lieux de canton.

Nous terminons en formant les vœux les plus ardents pour
ce beau pays, et nous nous estimerons heureux, si par ce petit
travail nous parvenons à poser une nouvelle pierre au grand
édifice.

KREMER.

NOTES SUR LES PLANCHES.

Planche 1re.

Le réfectoire (nr 29) a par erreur lithographique 4 mètres de trop en longueur, et la cuisine (n° 25) doit en avoir 4 de plus, ce qui ne change pas la disposition générale.

Les perrons (n°° 39, 40, 41 et autres) sont trop larges, et doivent seulement servir d'indication.

Planche 2e. — *Élévation.*

La figue 1re représente la façade des pièces 5, 6, 7, 8 et 9 de la planche 1re.

La figure 2e représente la façade de l'aile d'habitation vue du côté de la petite cour.

La figure 3e représente la façade de l'aile d'habitation du côté de la grande cour. Cette façade a une galerie en arcade dans toute sa longueur; cette galerie n'est ici figurée qu'à l'extrémité droite pour simple indication.

La figure 4e représente la façade des divers ateliers.

La figure 5e représente la façade des pièces 44, 52, 53, 54, de la planche 1re, et de la porte d'entrée de la grande cour.

La 6e représente la façade des n°° 56 et 58 de la planche 1re.

La figure 7e représente la façade des n°° 64 et 65 de la planche 1re.

La figure 8e représente la façade de n°° 68, 70, 71 et 69 de la planche 1re.

Planche 3e. — *Maison de Colon.*

Figure 2e. La façade des écuries est représentée avec 2 mètr. de hauteur, au lieu de 2 mètr. 50 cent. qu'elles doivent avoir antérieurement, et les portes de ces écuries doivent avoir 2 mètres de hauteur, ce qu'elles n'ont pas dans la figure.

Planche 4e. — *Ville ou Bourgade.*

Les rues ont 10 mètres de largeur, ce qui permet d'y planter de chaque côté une ou deux rangées d'arbres. Le boulevard qui entoure la bourgade a 25 mètres de largeur. Une rangée de maisons d'artisans peut être adossée au mur d'enceinte tout autour de la bourgade.

Le mur d'enceinte doit avoir plus d'épaisseur que ne le figure le plan.

L'emplacement de la ferme est représenté par erreur lithographique séparé de la bourgade, tandis que son enceinte ne doit être qu'une continuation de celle de cette dernière, de manière que la grande porte d'entrée de la petite cour de la ferme, soit en face de la grand'rue qui traverse le milieu de la ville.